AF234264

INSTRUCTION

21. aoust 1764.

Que Sa Majesté a fait expédier à chacun des Commandans des cinq Écoles que le Roi juge à propos d'établir pour l'instruction de sa Cavalerie & de ses Dragons.

A MAJESTÉ voulant que ses régimens de Cavalerie soient instruits & exercés sur des principes d'équitation uniformes & invariables, afin de parvenir à faire exécuter avec précision & justesse, les différentes manœuvres, Elle a ordonné & ordonne ce qui suit :

ARTICLE PREMIER.

IL sera établi quatre Écoles de Cavalerie, l'une à Douai, l'autre à Metz, la troisième à Besançon & la quatrième à la Flèche.

I I.

CELLE de Douai, sera commandée par le sieur Dumolard, Lieutenant-colonel du régiment de Bourgogne, Cavalerie. Celle de Besançon par le sieur Dumont, Lieutenant-colonel du régiment de la Reine, Cavalerie.

a

Celle de Metz par le fieur chevalier de Panat, Lieu-tenant-colonel du régiment Royal, Cavalerie.

Et celle de la Flèche par le fieur de Livron, Major des Carabiniers.

Chacun de ces Commandans aura à fes ordres quatre Officiers & huit Maréchaux-des-logis, pour l'aider à donner les premières leçons aux Élèves, & le feconder dans fon travail.

I I I.

LES Écoles de Douai, Befançon & Metz, feront commandées fupérieurement par le fieur marquis de Barbançon, Lieutenant général des armées du Roi, & par le fieur de Montchenu, Maréchal-de-camp, qui, alternativement, pafferont dans chaque École pour y maintenir l'uniformité, & veiller à l'exécution des prin-cipes, afin qu'il ne s'y faffe aucun changement : ces deux Officiers généraux rendront compte, ainfi que le Com-mandant particulier, des progrès de l'École, & feront autorifés à faire leurs obfervations fur les objets qui leur en paroîtront fufceptibles.

I V.

L'ÉCOLE de la Flèche fera directement aux ordres du fieur marquis de Poyanne, Lieutenant général, qui aura fous lui le même nombre d'Officiers & de Maréchaux-dès-logis prefcrit par l'article II de la préfente Inftruction.

V.

IL fera de plus établi une cinquième École à Cambrai, pour l'inftruction des régimens de Dragons, laquelle fera commandée par le fieur de la Porterie, Maréchal-de-camp, qui aura huit Officiers fous lui, & douze Maré-chaux-des-logis également attachés à cette École.

V I.

IL fera détaché de chaque régiment de Cavalerie, conformément à l'état de diftribution joint à la préfente Inftruction, pour la formation de ces Écoles, un Capitaine, un Officier-major, deux Lieutenans ou Sous-lieutenans, feize Maréchaux-des-logis & feize Cavaliers, tous montés, y compris un Maréchal : ces Cavaliers feront employés à panfer les chevaux des Officiers & des Maréchaux-des-logis, ce qui n'empêchera point cependant lefdits Cavaliers de profiter des inftructions qui fe donneront à l'École.

V I I.

IL fera auffi détaché de chaque régiment de Dragons, un Capitaine, un Officier-major, deux Lieutenans ou Sous-lieutenans, douze Maréchaux-des-logis & douze Dragons montés, compris un Maréchal.

V I I I.

DANS le cas où l'on ne pourroit compléter le nombre des Maréchaux-des-logis prefcrits par régiment, propres à cet exercice, on y fuppléera par les Cavaliers & Dragons les plus intelligens & les plus capables de remplir ces fonctions.

I X.

SA MAJESTÉ veut que le choix de ces détachemens foit fait par les Infpecteurs de la Cavalerie, de concert avec les Commandans des Corps; ils auront foin de choifir, par préférence, les jeunes gens bien faits, ayant de l'intelligence, de la difpofition pour l'équitation, de la docilité & de la bonne volonté; ils choifiront auffi les chevaux les plus légers, les plus fouples & les plus propres au travail.

X.

L'INTENTION de Sa Majefté eft que chaque Commandant d'École foit chargé de la nourriture des chevaux, & d'acheter les fourrages qui feront néceffaires pour leur fubfiftance: il adreffera, à la fin de chaque mois, au Secrétaire d'État de la guerre, un état de la confommation des fourrages; & les fonds dont il aura befoin pour cet objet, lui feront remis par le Tréforier de la place : il fera fait à cet effet, tous les mois, par l'un des Commiffaires des guerres employés dans la place où fera l'École, une revue exacte des chevaux qui auront été envoyés des différens régimens, laquelle fera mention des chevaux appartenans à chacun defdits régimens.

X I.

LA litière étant abfolument néceffaire à des chevaux qui travaillent tous les jours, l'intention de Sa Majefté eft qu'il foit fourni à chacun par jour, fix livres de paille en fupplément à ce qui eft fixé pour la ration, par le règlement du 25 mars 1763.

X I I.

LES Officiers détachés de leurs régimens pour commander lefdites Écoles, ainfi que les autres Officiers, Maréchaux-des-logis, Cavaliers & Dragons qui y feront envoyés, feront payés par à-bon-compte feulement, par les Tréforiers des lieux où elles feront établies, fur des certificats de préfence des Commiffaires des guerres : ces Tréforiers enverront dans les quinze premiers jours de chaque mois, au Tréforier général de l'Extraordinaire des guerres, les certificats defdits Commiffaires des guerres, ainfi que les reçus d'à-bon-compte ; & le Tréforier général les fera paffer fucceffivement à fes Commis des lieux où feront les régimens en garnifon, pour être lefdits reçus précomptés au Major lors du décompte du mois.

X I I I.

L'INTENTION de Sa Majefté eft à cet effet, que les Commiffaires des guerres qui auront la police des régimens, continuent d'employer dans leurs revues comme préfens, lefdits Officiers détachés aux Écoles, ainfi que les Maréchaux-des-logis, Cavaliers & Dragons, fur la repréfentation des certificats des Commiffaires qui auront été envoyés au Tréforier, & que les Majors retireront pour leur repréfenter.

X I V.

LES Maréchaux-des-logis, les Cavaliers & Dragons qui entreront à l'hôpital, feront regardés comme étant aux hôpitaux externes, & les Commiffaires des guerres en feront mention dans leurs certificats.

X V.

INDÉPENDAMMENT de ce qui eft réglé pour

les

les appointemens attribués à chaque grade par les Ordonnances de la nouvelle compofition, il fera payé par mois, fur les ordres particuliers qui feront expédiés à cet effet; favoir, au Lieutenant-colonel commandant l'École, cinq cents livres; à chacun des quatre Officiers qui feront à fes ordres, & dont il eft parlé à l'article II de la préfente Inftruction, cent cinquante livres s'ils font Capitaines; & cent livres aux autres, foit qu'ils foient Aides-major fans commiffion de Capitaine, foit qu'ils foient Lieutenans ou Sous-lieutenans. Le même traitement fera accordé aux Capitaines, Aides-major, Lieutenans ou Sous-lieutenans qui feront aux ordres du fieur de la Porterie.

<h3 style="text-align:center">X V I.</h3>

I L fera de même expédié des ordres particuliers pour faire payer à chacun des Maréchaux-des-logis de chaque École, qui feront prépofés à l'inftruction des détachemens, quinze fous par jour, outre fa paye, comme une récompenfe du travail pénible & continu qu'il fera obligé de faire.

<h3 style="text-align:center">X V I I.</h3>

L E traitement réglé ci-deffus par les articles X I I, X I I I, X V & X V I de la préfente Inftruction, fera payé à commencer du premier Octobre prochain.

<h3 style="text-align:center">X V I I I.</h3>

C H A Q U E Capitaine répondra de la police de fon détachement au Commandant de l'École, & veillera à ce que les chevaux foient bien nourris & bien panfés.

<h3 style="text-align:center">X I X.</h3>

L E S Élèves ne feront point détournés de leurs occupations, & ne feront affujettis à aucune efpèce de fervice dans les Places où ils feront raffemblés.

<h3 style="text-align:center">X X.</h3>

L E S manéges feront occupés depuis le matin jufqu'au foir, fans relâche, afin que fucceffivement tous les Élèves y prennent leur leçon.

<h3 style="text-align:center">X X I.</h3>

I L fera néceffaire de pourvoir chaque École de deux

chevaux de bois, & plus, s'il est jugé nécessaire, pour donner les premiers principes; comme aussi de longes, de caveçons, & de deux selles à piquet pour les chevaux rétifs.

X X I I.

Il sera aussi construit dans chaque Place où se tiendront les Écoles, deux manéges couverts, de cent vingt pieds de longueur, sur environ quarante-cinq de largeur: l'intention de Sa Majesté est que le Commandant de l'École soit chargé de faire faire une estimation de cette dépense, dont il sera envoyé un état au Secrétaire d'État de la guerre, & le Commandant présidera à la construction de ces deux manéges, pour laquelle il sera ordonné au Trésorier de la Place de lui remettre les fonds nécessaires, de même que pour l'emplette de ce qui est prescrit par l'article X X I.

X X I I I.

Sa Majesté voulant au surplus que les Élèves soient exercés uniformément & sur les mêmes principes, Elle veut & entend qu'ils soient tous instruits conformément à ce qui est expliqué par les articles suivans.

X X I V.

Moyens pour placer les Cavaliers & les Dragons, & les rendre propres aux exercices à cheval.

Un point essentiel de cette Instruction, c'est d'y employer beaucoup de douceur & de patience, & de ne pas rebuter l'homme qu'on veut instruire; on doit se prêter au peu d'intelligence des commençans, & ne punir que la mauvaise volonté ou la négligence.

Il ne faut pas non plus entreprendre de montrer plusieurs choses à la fois à l'homme qu'on veut instruire; il faut qu'il conçoive & exécute bien ce qu'on lui demande, avant de passer plus loin.

Il est nécessaire que les vêtemens soient aisés de la poitrine, pour que les Cavaliers effacent bien les épaules.

Pour donner de la facilité à effacer les épaules, il est à propos de prendre un bâton de cinq pieds de longueur; on le tient horizontalement devant soi par les deux bouts, les ongles en dessous, & on le passe ainsi derrière les épaules; on rapproche peu à peu les mains vers le milieu, & à proportion que les épaules s'ouvrent & deviennent plus aisées & plus libres; on reste dans cette attitude le plus que l'on peut : cet exercice est né-cessaire pour les commençans & pour ceux qui se tien-nent mal.

Il y aura, dans chaque École, deux chevaux de bois pour donner les premiers principes aux commençans; & on ne les fera monter à cheval, que lorsqu'ils seront bien confirmés dans ces premières leçons.

On leur apprendra aussi à connoître les parties de l'équipement du cheval.

X X V.

Il doit le visiter, pour savoir s'il est bien ferré, s'il ne manque rien à tout son équipement, & être sûr qu'il soit en état de tout point avant de le monter.

Précautions que doit prendre un Cavalier avant de seller & de monter son cheval.

1.° *Pour seller un cheval.*

Il faut relever les sangles & la croupière sur le siége, prendre la selle de la main gauche à l'arcade de l'arçon de devant, & de la main droite sous le trousse-quin, la poser doucement sur le cheval, ayant attention qu'il n'y ait point de contre-sanglon sous la selle.

· 2.° *Pour que la selle soit bien placée.*

Il faut que le devant du quartier tombe d'aplomb sur le coude du cheval.

Il faut aussi qu'on puisse passer aisément trois doigts entre l'arcade de la selle & le garrot, pour que la selle ne soit point sujette à blesser le cheval.

3.° *Pour sangler un cheval.*

Il faut le sangler à deux fois, peu à peu, & que la sangle de derrière soit un peu moins serrée que celle de devant.

Les boucles des sangles, ainsi que celles des étrivières, doivent être sous les quartiers de la selle.

4.º *Pour que la croupière soit à son point.*

IL faut qu'elle soit aisée & non tendue, & qu'il n'y ait point de crins entre le culeron & la queue du cheval; lorsque la croupière est trop tendue, elle inquiette les chevaux & les fait ruer.

5.º *Pour bien placer le poitrail.*

IL faut qu'il soit au-dessus du mouvement de l'épaule, & qu'il ne soit pas trop serré.

6.º *Pour brider un cheval.*

IL faut prendre avec la main droite tous les crins du toupet, ayant le coude droit sur l'encolure du cheval; on élève ensuite la têtière avec la main gauche, pour la saisir avec le pouce & le premier doigt de la main droite sans abandonner le toupet, laissant pendre le mors au-dessous de la bouche du cheval; la main gauche ayant quitté la têtière, va guider le mors, en le soutenant sous l'angle du canon avec le pouce; on place en même temps les autres doigts par-derrière la branche droite, dans la bouche du cheval au-dessus des crochets, pour la lui faire ouvrir; alors la main droite élevant la têtière, fait entrer le mors qui est guidé par le pouce gauche; la main gauche empoignant ensuite le toupet entre le dessus-de-tête & le frontal de la bride, donne la liberté à la main droite d'y passer les oreilles, commençant toujours par celle du hors-montoir, & dégageant bien tous les crins du toupet; on passe auparavant le bridon au cheval comme il est dit pour la bride.

7.º *Pour que le mors soit bien placé.*

IL doit porter au-dessus des crochets sans les toucher, plus il est bas, plus le cheval y est sensible; le point le plus convenable est à un doigt environ au-dessus des crochets d'en haut, mais pas plus élevé parce qu'il feroit froncer les lèvres.

8.º *Pour mettre la muserolle & la sous-gorge à leur point.*

IL faut que la muserolle soit serrée sans qu'elle gêne le cheval, & que la sous-gorge soit aisée; on observera aussi que le frontal du bridon soit entièrement caché par celui de la bride.

9.º

9.° *Pour mettre la gourmette sur son plat.*

IL faut la prendre par le dernier maillon avec le pouce & le second doigt de la main droite, présentant le plus gros côté en dedans : on l'accroche ainsi en poussant avec le premier doigt le second maillon dans le crochet que l'on contient de la main gauche par derrière l'œil du mors avec les deux premiers doigts ; on soutient pendant ce temps les rênes sur le bras gauche, ou on les passe auparavant sur le cou du cheval pour agir plus librement.

Il est essentiel que le crochet & l'S soient de la même longueur, afin que le milieu de la gourmette qui est l'endroit le plus fort, porte sur le milieu de la barbe du cheval, & que l'appui de la gourmette ne se fasse pas sentir plus d'un côté que de l'autre.

On observera aussi que la gourmette soit placée entre la bride & le bridon, & que ce dernier puisse agir sans la faire remuer.

X X V I.

Pour monter à cheval.

ON s'approchera près de l'épaule du cheval, on prendra le bout des rênes de la main droite, qu'on élevera pour les saisir de la main gauche, au point qu'elles ne fassent pas reculer le cheval, prenant en même temps une poignée de crins: la main droite quittant les rênes, les jettera du côté hors-montoir pour prendre l'étrier gauche; après quoi on mettra le pied gauche dans l'étrier, du côté de la boucle de l'étrivière, & on portera la main droite sur le trousse-quin, pour s'élever sur le pied gauche le genou bien d'aplomb, en s'élançant de la pointe du pied droit sans tirer la selle à soi : après avoir resté un temps le corps bien droit sur l'étrier, on passera la jambe droite, bien tendue, par-dessus la croupe sans la toucher, & dans le même moment la main droite se portera sur la botte droite, le pouce en dehors & les autres doigts en dedans, pour soutenir le corps & arriver légèrement en selle.

Dans les premières leçons qu'on donnera aux Élèves, on leur expliquera la posture qu'ils doivent garder à cheval, en se conformant à ce qui suit :

Il faut que les deux feſſes portent également ſur la ſelle.

Que l'aſſiette ſoit le plus près du pommeau qu'il eſt poſſible ; que les reins ſoient droits & bien ſoutenus.

Que le haut du corps ſoit aiſé, libre & droit ſur les hanches, & qu'il contienne l'aſſiette par ſon propre poids & ſon équilibre.

Que les épaules ſoient libres, tombantes, ouvertes par devant & plattes par derrière.

Que les bras ſoient libres, les coudes tombant d'aplomb ſur les hanches ſans être ouverts ni ſerrés.

Que la main de la bride ſoit écartée d'environ trois doigts du corps, & élevée au-deſſus du pommeau de la ſelle d'environ deux doigts.

Que le petit doigt ſoit entre les deux rênes les doigts fermés, & que le pouce ſoit auſſi fermé pour les contenir égales.

Que le poignet ſoit bien ſoutenu & un peu plus élevé que l'avant-bras ; que les doigts ſoient en face du corps, & que le petit doigt ſoit plus près du ventre que le haut du poignet.

Que la main droite ſoit à même hauteur & diſtance du corps que la gauche, obſervant qu'il y ait trois doigts d'intervalle entre elles, afin que l'une n'empêche pas l'effet de l'autre ; que la tête ſoit droite & libre.

Que les cuiſſes depuis les hanches juſqu'aux genoux tombent d'aplomb le plus qu'il eſt poſſible, qu'elles ſoient tournées en dedans & bien collées ſur la ſelle ſans roideur.

Que le pli des genoux ſoit liant, pour bien opérer des jambes.

Que les jambes ſoient libres & tombantes ſous les genoux.

Que les pieds ſoient parallèles au corps du cheval, c'eſt-à-dire, tournés comme les genoux, ſans eſtropier les chevilles des pieds.

Que les pointes des pieds lorſqu'on eſt ſans étriers, tombent naturellement.

Lorſqu'on ſe ſert des étriers, il faut pour qu'ils ſoient au point convenable, qu'ils ſoutiennent le poids des pieds, de manière que les pointes des pieds ſoient à la même hauteur que les talons, & que le talon de la botte ſoit plus bas que la pointe du pied.

Il faut que les Cavaliers aient toujours les étriers chauſſés, c'eſt-à-dire que la grille touche le talon de la botte.

Après avoir établi la posture du Cavalier, on lui fera les commandemens suivans, pour lui apprendre à mener son cheval, & on aura attention qu'il ne déplace aucune partie de son corps pour faire agir celles qui lui feront indiquées.

COMMANDEMENS.

1.° *Ajustez vos rênes.*

ON les saisira avec le pouce & le premier doigt de la main droite, au-dessus de la main gauche, & on les élevera perpendiculairement entre les deux yeux, coulant la main jusqu'au bouton, les deux derniers doigts ouverts, les ongles en avant, & le coude plus bas d'un demi-pied que la main droite; on ouvrira en même temps un peu les doigts de la main gauche, le pouce élevé en dedans, pour laisser couler les rênes & les égaliser, après quoi la main droite les laissera tomber à droite.

2.° *Marche.*

ON fermera les deux jambes, en formant un demi-arrêt, pour rassembler son cheval, après quoi on aura la main légère pour donner la liberté au cheval d'avancer, & on la replacera aussitôt, relâchant ensuite les jambes par degrés, ou continuant de les faire agir, selon le besoin.

3.° *Rassemblez votre cheval.*

ON fermera les deux jambes en formant un demi-arrêt, & on replacera la main & les jambes dès que le cheval se soutiendra & sera d'aplomb.

On aura attention que la main & les jambes soient bien d'accord ensemble, c'est-à-dire, que l'aide des jambes précède celle de la main.

On observera toutes les fois qu'on se servira des jambes, de les approcher par degrés & de les relâcher de même, sans que les genoux se dérangent ni quittent le quartier de la selle, il faut pour cela avoir le pli du genou très-libre.

4.° *La main légère.*

ON baissera le poignet environ un ou deux pouces, plus ou moins, suivant que le cheval se soutiendra; observant que l'avant-bras fuive le mouvement du poignet, pour qu'il foit toujours foutenu.

5.° *Tournez votre cheval à droite.*

On portera la main à environ un demi-pied en avant de fa pofition, en la foutenant à droite pour fentir les deux rênes égales, & on fermera la jambe droite dès que la main aura produit fon effet; on aura enfuite la main légère, pour la replacer, ainfi que la jambe.

6.° *Tournez votre cheval à gauche.*

On portera la main à environ un demi-pied en avant de fa pofition, en la foutenant à gauche, le coude détaché du corps afin de fentir les rênes égales le plus qu'il eft poffible, & on fermera la jambe gauche.

On exécutera ces deux mouvemens très-doucement dans les commencemens, & on portera toujours la main par degrés pour arriver à la diftance prefcrite, fi le cheval n'obéiffoit pas aux premiers effets de la main.

7.° *Portez votre cheval à droite par des pas de côté.*

On commencera par porter le poids du corps à droite & on foutiendra la main en avant & à droite pour déterminer les épaules du cheval, après quoi on fermera la jambe gauche pour faire fuivre les hanches; fi le cheval reculoit, il faudroit avoir la main légère & le chaffer en avant de la main droite.

8.° *Portez votre cheval à gauche par des pas de côté.*

On fera l'oppofé de ce qui eft prefcrit au commandement précédent.

Lorfqu'en marchant par des pas de côté on voudra s'arrêter, on formera un arrêt fuffifant & on fermera la jambe de dedans pour arrêter les hanches, après quoi on aura la main légère.

9.° *Prenez le bridon de la main droite.*

On prendra par-deffus les rênes de la bride le bridon par le milieu, les ongles en deffous, pour tenir le cheval au même degré qu'on le tient de la bride, & on aura auffitôt la main gauche légère.

10.°

10.° *Servez-vous de la bride & du bridon pour raffembler votre cheval.*

ON arrêtera fon cheval alternativement de la bride & du bridon en le raffemblant des deux jambes, & on obfervera de ne jamais le tenir que de la bride ou du bridon & non des deux à la fois.

11.° *Lâchez le bridon.*

ON affurera la main de la bride en raffemblant fon cheval, & on abandonnera le bridon fur le cou du cheval.

12.° *Pincez des deux.*

LORSQU'UN cheval n'obéira pas aux jambes, on appuiera vigoureufement les deux talons derrière les fangles, la pointe du pied baffe & fans aller à coup ; on foutiendra les reins fermes, fans déranger fa pofture & fans porter le corps en avant, & auffi fans donner de faccades de la main ; & après avoir refté un temps dans cette fituation on fe retirera par degrés pour replacer fes jambes à leur pofition.

13.° *Rendez la main.*

ON prendra les rênes à pleine main de la main droite, le pouce en deffus, les ongles en deffous ; on la portera à un demi-pied au-deffus de la gauche, le poignet bien foutenu & près du corps ; dans cette fituation on formera un demi-arrêt en élevant la main droite & appuyant un peu la main gauche fur les rênes, les deux jambes près ; lorfque le cheval fe foutiendra bien, on baiffera la main droite jufque fur les crins, la paffant entre le corps & la main gauche qui reftera à fa place, on ramènera enfuite les rênes dans la main gauche en raffemblant fon cheval, & la main droite quittera les rênes.

14.° *Halte.*

ON fe grandira du haut du corps en effaçant les épaules, & on élevera en même temps la main par degrés & près du corps fans le toucher, obfervant toujours de raffembler fon cheval des deux jambes.

Dès qu'il fera arrêté, on ôtera les jambes, & on aura auffitôt la main légère pour qu'il ne recule pas.

d

15.° *Raccourciſſez vos rênes, ou alongez vos rênes.*

ON les prendra de la main droite, comme il eſt dit pour rendre la main, & on les alongera ou on les raccourcira en ouvrant les doigts de la main gauche pour les laiſſer couler.

16.° *Bride en main.*

MÊMES principes que pour arrêter, obſervant d'avoir la main légère, toutes les fois que le cheval obéira aux demi-arrêts ou arrêts qu'on formera pour reculer.

Si le cheval laiſſoit tomber ſes hanches à droite, on fermeroit davantage la jambe droite, ſans porter la main trop de ce côté ſi le cheval étoit ſenſible aux aides, parce qu'il ne faut pas que les épaules quittent la ligne ſur laquelle on doit reculer.

Lorſqu'en reculant on devra s'arrêter, on fermera les deux jambes, & on aura auſſitôt la main légère pour relâcher enſuite les jambes.

17.° *Prenez la bride dans la main droite.*

ON la prendra de la main droite, comme il eſt dit pour rendre la main, & on aura le poignet bien ſoutenu près du corps & vis-à-vis la poitrine, les doigts également éloignés du corps.

On mènera ſon cheval de la main droite dans les inſtructions particulières, & lorſqu'on marchera à main gauche dans le manége, en ſuivant les mêmes principes qui ſont indiqués pour la main gauche; mais lorſqu'on ſera dans les rangs & que l'on manœuvrera, on tiendra toujours la bride de la main gauche.

Lorſqu'ayant la bride dans la main droite, on voudra ajuſter ſes rênes, on les prendra de la main gauche, on les ajuſtera comme à l'ordinaire, & on les replacera dans la main droite.

18.° *Jetez votre aſſiette à droite.*

ON fera un petit ſaut ſur la ſelle ſans pancher le corps, pour jeter ſon aſſiette à droite, de façon que la cuiſſe gauche ſoutienne preſque ſeule le poids du corps qui ſe portera à gauche depuis la hanche droite juſqu'au haut des épaules pour contre-balancer l'aſſiette.

19.° *Jetez votre aſſiette à gauche.*

ON fera l'oppoſé de ce qui vient d'être dit au commandement précédent.

20.° *Redreſſez votre aſſiette.*

On ſe remettra droit en ſelle.

XXVII.

1.° *Séparez vos rênes.*

On prendra une rêne dans chaque main , les ongles en
deſſous , le pouce alongé ſur chaque rêne ; on aura les mains près
des ſiéges , & ſéparées l'une de l'autre d'environ un demi-pied.

Leçon pour mener ſon cheval en bridon d'écurie.

2.° *Marche.*

On raſſemblera ſon cheval , & on baiſſera enſuite les poignets
(ce qui s'appelle *la main légère*) pour lui donner la liberté
d'aller en avant , & dès qu'il aura obéi on replacera les poignets
& les jambes.

3.° *Tournez votre cheval à droite.*

On écartera la rêne droite en la tirant à côté de ſoi , dès
qu'elle aura produit ſon effet , on fermera la jambe droite , &
on aura la main gauche un peu légère pour donner la facilité au
cheval de tourner ; s'il vouloit tourner trop vîte , on le con-
tiendroit en formant un demi-arrêt des deux rênes.

4.° *Tournez votre cheval à gauche.*

On fera l'oppoſé de ce qui eſt dit au commandement
précédent.

5.° *Croiſez vos rênes dans la main gauche.*

On paſſera la rêne droite dans la main gauche qui l'empoignera
de façon que l'extrémité de cette rêne ſorte du poignet du côté
du petit doigt , & on aura alors la main droite libre.

6.° *Séparez vos rênes.*

Comme il eſt dit au premier commandement.

7.° *Halte.*

On tirera les rênes à côté des cuiſſes en ſoutenant la ceinture
en avant & portant les coudes en arrière ſans élever trop les
poignets : ſi le cheval n'obéiſſoit point , on emploieroit les
moyens ſuivans.

8.º *Sciez du bridon.*

On tirera alternativement chaque rêne du bridon plus ou moins fort, suivant la sensibilité du cheval, observant de le rassembler des deux jambes.

9.º *Pied à terre.*

On prendra une poignée de crins de la main gauche, on portera la main droite sur la botte droite, le pouce en dehors, les autres doigts en dedans ; après quoi on s'élevera sur l'étrier gauche passant la jambe droite bien tendue par-dessus la croupe sans la toucher, & dans le même moment la main droite se portera sur le trousse-quin pour soutenir le corps qui restera un temps bien d'aplomb sur l'étrier gauche, on descendra ensuite légèrement, arrivant à terre sur la pointe du pied droit.

On ne fera exécuter aux Commençans qu'une partie des commandemens qui sont prescrits ci-dessus, & on ne passera d'un commandement à un autre qu'autant que le Cavalier concevra & exécutera bien ceux qu'on lui aura faits précédemment ; il faut le mettre bien au fait des termes dont on se sert, afin que son attention ne soit pas trop partagée, lorsqu'il sera exercé sur un vrai cheval.

Les Élèves ayant été suffisamment instruits sur le cheval de bois, on les fera monter à cheval pour les exercer dans les manéges.

XXVIII.

Comment il faut mener son cheval en main pour le rendre sur le lieu destiné à monter à cheval.

Les Élèves se rendront au manége, menant leurs chevaux par la bride, qu'ils tiendront de la main droite, les ongles en dessus, au-dessous & à six pouces environ des branches du mors, soutenant le bout des rênes de la main gauche, les ongles tournés en dessous ; & lorsqu'ils y seront arrivés, ils se rangeront sur un ou plusieurs rangs ; ils mettront la gourmette à leurs chevaux, & se placeront ensuite en avant, tournant le dos à leurs chevaux, & soutenant les rênes sur le bras gauche.

L'Officier chargé de donner leçon, distribuera alors son travail comme il le jugera à propos ; il exercera les commençans sans étriers pendant quelque temps, pour qu'ils prennent bien le fond de la selle, & ils mèneront leurs chevaux en bridon d'écurie.

On

On se conformera dans les leçons qu'on leur donnera dans les manéges, aux mêmes principes qui sont établis ci-devant.

Lorsqu'on fera trotter les Élèves à la longe, on aura attention qu'ils s'accoutument à se servir de leurs mains & de leurs jambes, sans que le corps se dérange de son assiette ; si, par exemple, en portant la main à gauche, on porte le corps de ce côté-là, c'est un faux mouvement qu'il faut éviter, puisqu'il fait perdre l'aplomb ; si encore en fermant une, ou les deux jambes, les genoux remontent ou se tournent en dehors, c'est aussi un mouvement faux, puisque les jambes doivent se fermer sans déplacer les genoux ; il en est de même de tous les mouvemens des différentes parties du corps : il ne doit y avoir absolument que les parties nécessaires qui agissent, pour conserver l'aplomb, l'aisance, & avoir de la grâce à cheval.

On aura aussi attention que le caveçon de la longe ne porte pas trop bas sur le nez du cheval, pour ne point lui gêner la respiration ; en outre, que la muserolle passe entre les deux montans des bridons (ou entre le montant de la bride ou du bridon, si le cheval est bridé) & la fausse sous-gorge par dessus les deux ; que l'une & l'autre soit bien serrée, pour que le caveçon ne puisse pas tourner, & que la joueliere de dehors ne s'approche point de l'œil du cheval, la sous-gorge doit être aisée.

Après que les Élèves auront été exercés pendant quelque temps à la longe, on en fera marcher un certain nombre à la fois en liberté ; on les fera sortir du rang, observant quelquefois de ne pas prendre ceux qui sont de suite, pour accoutumer les chevaux à sortir seuls du rang ; dès qu'on aura commandé *marche* à ces Élèves, ils rassembleront leurs chevaux, & auront la main légère ensuite, pour que les chevaux aient la liberté de se porter en avant, & ils partiront tous ensemble, observant leur intervalle, & marchant alignés; on les fera enfuite défiler pour faire leur reprife, jufqu'à ce que les Élèves foient bien confirmés dans leurs poftures : on ne leur fera faire autre chofe que de doubler, changer de main & contre-échanger de main fur une pifte; on leur fera faire de plus des à droites, des à gauches, des demi-tours à droite, demi-tours à gauche, marcher en avant, & reculer.

A mefure que les Élèves fe fortifieront & travailleront avec intelligence, on leur fera exécuter des manœuvres plus compofées, favoir :

Marcher en cercle l'épaule en dedans aux deux mains..

Changer de main fur deux piftes.

Marcher de droite & de gauche par des pas de côté, & marcher au galop en doublant & changeant de main.

Pour marcher en cercle l'épaule en dedans.

ON commence par faire marcher le cheval en rond fur une ligne circulaire, l'on forme un demi-arrêt de la main, & l'on ferme la jambe de dedans ; dès qu'on fent que le cheval y obéit, on a auffitôt la main légère pour lui donner la facilité d'aller en avant, fans cela l'épaule tomberoit trop en dedans, & ne pourroit plus cheminer ; un ou deux pas après, on recommence le demi-arrêt de la main en fermant la jambe de dedans : à mefure que le cheval prend l'intelligence de ce qu'on lui demande, on le preffe davantage, & il va de côté, l'épaule décrivant le cercle intérieur & les hanches celui de la circonférence; comme le cheval eft obligé, dans cette leçon, de paffer la jambe de dedans par-devant celle de dehors, ce mouvement lui donne de la liberté, l'affouplit & l'oblige à fe foutenir, ce qui lui forme la bouche & la lui rend légère ; quand on eft parvenu par cette leçon à lui faire connoître les jambes, on peut le changer de main fur deux piftes.

Changement de main fur deux piftes.

POUR y parvenir comme il faut, il eft néceffaire, quand on a paffé le coin du manége, de porter le cheval en avant, environ deux longueurs de cheval ; on forme pour lors un demi-arrêt, enfuite on porte la main du côté que l'on veut aller ;

dès que le cheval obéit, on forme un second demi-arrêt, & on ferme la jambe de dehors en portant le haut du corps à droite, & continuant de faire agir la jambe de dedans pour obliger le cheval d'aller en avant, & empêcher que les hanches ne cheminent avant les épaules, celles-ci devant toujours aller les premières : arrivé sur la ligne opposée à celle dont on est parti, on forme un demi-arrêt en fermant les deux jambes, & relâchant ensuite la jambe de dehors ; le Cavalier donne pour lors un peu de liberté à son cheval, en tenant la main légère, ou en lui rendant la main.

Pas de côté sur une ligne droite.

MÊMES principes que ci-devant, à l'exception qu'on ne doit se servir de la jambe de dedans que pour empêcher le cheval de reculer, & que la main doit conduire les épaules sur une ligne droite sans reculer ni avancer.

Il ne faut commencer à donner la leçon de l'épaule en dedans & des pas de côté, que quand le cheval obéit bien aux jambes & aux éperons en avant & par le droit.

DU GALOP.

LORSQU'ON fera marcher les Élèves au galop, on le fera partir du pas au trot, & du trot au galop, sans avoir égard au pied dont part le cheval ; il n'y a pas grand inconvénient à ce qu'il soit sur ce qu'on appelle *le mauvais pied,* mais il y en auroit beaucoup si un Élève tracassoit son cheval pour le faire partir sur le bon pied, & s'il se panchoit pour regarder sur quel pied il va : après un tour de manége ou deux, le cheval se remettra de lui-même, parce qu'il a plus d'aisance à galoper sur le pied de dedans que sur celui de dehors ; si cependant il continuoit son allure, il faudroit le remettre au trot, & le faire repartir droit devant lui au galop.

On aura attention que les Élèves se servent alternativement de la bride & du bridon pour soutenir leurs chevaux, & sur-tout qu'ils ne tournent point court dans les coins, ce qui seroit dangereux pour les hommes & pour les jarrets des chevaux.

Il faut, toutes les fois que l'on arrive dans un tournant, raſſembler ſon cheval & ralentir ſon galop pour le mettre d'aplomb.

Il faut s'attacher ſur-tout à mettre ſon cheval droit en marchant, c'eſt-à-dire, que les hanches ſoient vis-à-vis des épaules & ſur la même ligne ; c'eſt l'attitude où ils ont le plus de force, où ils ſe raſſemblent le mieux, & où ils ſont le plus légers à la main.

On ne peut parvenir à mettre ſes chevaux bien droits, que lorſqu'on a acquis une grande juſteſſe à cheval ; c'eſt pourquoi dans les leçons qu'on donnera aux Élèves, il faut faire grande attention à leur faire redreſſer leur aſſiette, lorſqu'ils ſeront de travers.

L'aſſiette a une pente naturelle à rouler en·dedans, (c'eſt-à-dire, à droite, ſi l'on marche à main droite, ou à gauche, ſi l'on marche à main gauche) excepté lorſque l'on trotte à la longe : il eſt néceſſaire, pour prévenir ce défaut, de faire jeter l'aſſiette en dehors, en oppoſant le poids du corps & le portant en dedans pour contrebalancer l'aſſiette. La méthode de jeter l'aſſiette en dehors aſſouplit beaucoup le corps & les reins du Cavalier, & lui donne une grande facilité à retrouver ſon aſſiette naturelle, lorſqu'elle eſt dérangée par l'action de ſon cheval ; c'eſt par cette raiſon qu'il faut exiger de ceux qui ſont les moins ſouples, de paſſer les bornes, en la leur faiſant jeter plus en dehors qu'il ne ſeroit néceſſaire.

Il ne faut pas craindre, par ce principe, que les Élèves contractent l'habitude d'être de travers à cheval, ce ſeroit au contraire le moyen de les en corriger, s'ils étoient dans ce cas, puiſque c'eſt la ſeule façon d'acquérir de la juſteſſe & de l'aplomb à cheval.

L'Officier chargé de cette inſtruction, diviſera, après quelque temps de travail, ſes Élèves en pluſieurs claſſes, pour ne faire exécuter à chacun de ceux qui les compoſeront que les choſes qu'il ſera en état de faire.

Les

Les Élèves de la première claffe, feront armés en guerre, & feront de temps en temps une reprife entière ayant le fabre à la main, & feront *haut le fabre* lorfqu'on leur commandera.

Il fera néceffaire de faire tirer des coups de piftolets dans les manéges, pour accoutumer les chevaux au feu ; mais jamais d'affez près pour que la poudre puiffe piquer les chevaux.

Comme il eft indifpenfable que les Cavaliers fachent fe fervir de leurs armes avec adreffe & force, il faut, pour leur apprendre à s'en fervir avec avantage, avoir des têtes de carton ou autres objets fur lefquels on les déterminera légèrement, pour les pointer & fabrer en s'élevant fur leurs étriers ; il faut auffi les exercer à tirer ces mêmes figures à coups de piftolets : tous ces exercices contribuent beaucoup à donner de l'adreffe aux Cavaliers, & à les rendre déterminés & entreprenans.

Tout Élève de la première claffe qui, par négligence, mauvaife volonté ou inconftance, fe trouvera en défaut fur quelque partie de l'exercice de cette claffe, ou qui n'y fera aucuns progrès, fera remis à la feconde claffe, jufqu'à ce que par fon travail il mérite de rentrer dans la première ; on en ufera de même à l'égard de la feconde claffe.

Les Elèves exerceront les Cavaliers de leur détachement, lorfque les Officiers chargés des Écoles les jugeront capables d'exercer ces fonctions & de donner leçon, afin qu'ils fe confirment eux - mêmes dans les principes qu'ils auront reçus, & qu'ils fe mettent en état de les communiquer aux autres.

X X I X.

LA douceur & la patience font de grands moyens pour dreffer les chevaux à ce qu'on leur demande ; on ne doit exiger d'eux que ce qu'ils font en état de faire, & n'employer les châtimens que pour dernière reffource.

Moyens pour dreffer les jeunes chevaux. & même les vieux qui n'ont pas eu de bonnes leçons.

f

C'eft à l'écurie qu'on accoutume les chevaux à les feller & les brider en les y amenant infenfiblement, & leur faifant comprendre qu'on ne veut pas leur faire de mal.

Un jeune cheval doit être débourré autour d'une longe avant d'être monté, il en eft plus libre, & par conféquent moins dans le cas de faire des fottifes.

Il faut l'arrêter fouvent en le faifant venir fur foi, & le careffer.

Lorfqu'un cheval faute & galope étant à la longe, il faut fecouer la longe horizontalement & légèrement, pour lui donner de petites faccades du caveçon, & le remettre au trot ou au pas.

Après qu'on l'aura arrêté & fait venir à foi, on le fera reculer quelques pas, en lui donnant quelques petites faccades du caveçon, & quelques petits coups de gaule fur les jambes de devant, & dès qu'il aura obéi quelques pas, on le careffera ; il importe fort peu dans les commencemens qu'il recule droit ou non, pourvu qu'il fente ce qu'on lui demande; s'il n'obéiffoit point au caveçon, on prendroit, fans le monter, les rênes du bridon, que l'on éleveroit pour le faire reculer, en continuant de fe fervir du caveçon.

Il fera bon de feller les jeunes chevaux pour les accoutumer à la felle, & pour les monter & defcendre plufieurs fois de fuite.

On obfervera les premières fois qu'on fera troter un jeune cheval à la longe, de ne point l'effaroucher de la chambrière.

Si le cheval a quatre ans faits, car on ne doit pas les monter avant cet âge, on le fera monter par un Élève ou Cavalier de la première claffe & à la longe, pour faire faire au cheval étant monté, ce qu'il faifoit ne l'étant pas; on lui fera connoître les aides infenfiblement, & s'il réfiftoit, l'homme qui tient la chambrière s'en ferviroit pour le faire obéir.

Quand le Cavalier fait bien obéir fon cheval à la longe, on lui fait faire les mêmes chofes en liberté; mais fi le cheval avoit de la difpofition à fe défendre & n'o- béiffoit point aux aides du Cavalier, ni à la chambrière de celui qui lui donne leçon, il faudroit remettre le cheval à la longe, & en ufer ainfi jufqu'à ce qu'il obéiffe parfaitement en liberté.

Il faut donner beaucoup de liberté de la main à un cheval qui fe défend, la plupart ne le font que parce qu'on les tient trop.

Il y a des chevaux qui fe défendent par foibleffe, il ne faut exiger de ceux-là que ce qu'ils ont la force de faire.

Ceux qui fe défendent par la peur que leur caufe quel- ques objets, ne font point dans le cas du châtiment comme on l'a déjà dit; il ne faut point prétendre de les aguerrir en les brufquant, mais en leur donnant de la confiance, & pour cela il faut d'abord s'éloigner de l'objet qu'ils craignent & s'en rapprocher enfuite peu à peu jufqu'à ce qu'ils s'appaifent.

Il faut qu'un cheval foit monté au moins deux ou trois mois au trot, avant de le mettre au galop & avant de lui faire faire des pas de côté.

Lorfqu'on mettra un cheval au galop pour la première fois, il faut lui faire faire feulement deux ou trois tours de manége fans le changer de main, & l'arrêter du galop au trot & du trot au pas.

Pour préparer un cheval au pas de côté, il faut com- mencer par le mener fur une pifte, le bout du nez en dedans; on le fera marcher enfuite en cercle, l'épaule en dedans peu à peu; après quelques temps de leçons, ainfi continuées, fi le cheval y répond bien, on lui fera faire quelques pas de côté de droite & de gauche fort dou- cement; fi le cheval fe défendoit à cette leçon, on le remettroit fur les cercles l'épaule en dedans, pendant quelques jours, après quoi on effaieroit de lui faire faire quelques pas de côté.

Lorfqu'on arrête un cheval, il faut y aller fort douce-ment dans les commencemens, de même que pour le reculer, afin de ne point lui fatiguer les jarrets ni les reins.

Il y a des chevaux qui ont l'arrêt fourd & qui n'obéiffent pas aux premiers effets de la main, ceux-là demandent plus de précautions & de patience; pour en venir à bout, il faut arrêter & rendre alternativement, en augmentant de force & diminuant de légèreté.

Lorfqu'après avoir reculé un cheval, on voudra le reporter en avant, il ne faut point trop le précipiter; mais le raffembler doucement pour lui donner la facilité de s'y porter.

Toutes les fois qu'un cheval obéit à ce qu'on lui demande, il faut avoir la main légère ou lui rendre la main, c'eft la feule récompenfe qu'on puiffe lui donner, comme auffi de le defcendre quelquefois quand il a bien fait les chofes qui lui coûtent le plus.

L'intention de Sa Majefté eft que les inftructions ci-deffus détaillées, foient exactement fuivies, & Elle défend aux Commandans & aux Officiers attachés aux Écoles, d'y faire le moindre changement.

F A I T à Verfailles le vingt-un août mil fept cent foixante-quatre. *Signé* L O U I S. *Et plus bas,* L E D U C D E C H O I S E U L.

ÉTAT

ÉTAT des Régimens dont les détachemens feront envoyés aux Écoles.

RÉGIMENS.	EMPLACEMENT.	LIEUX où les DÉTACHEMENS feront envoyés.
CAVALERIE.		
BERRY.	Arras.	Douai.
NOAILLES.		Douai.
COMMISSAIRE-GÉNÉRAL.	Hefdin.	Douai.
ROYAL-ÉTRANGER.	Lille.	Douai.
BOURGOGNE.	Douai.	Douai.
ROYAL-ROUSSILLON.	Cambrai.	Douai.
ROYAL-LORRAINE.	Pontivi.	Douai.
ROYAL-CRAVATTES.	Ancenis.	Douai.
CHARTRES.	Noyon.	Metz.
CONTY.	Laon.	Metz.
ROYAL-NAVARRE.	Metz.	Metz.
BOURBON.	Stenai.	Metz.
ROYAL.	Verdun.	Metz.
DAUPHIN.	Saint-Mihiel.	Metz.
ROYAL-NORMANDIE.	Épinal.	Metz.
ROYAL-ALLEMAND.	Strafbourg.	Befançon.
ROYAL-PIÉMONT.	Scheleftat.	Befançon.
PENTHIÈVRE.	Colmar.	Befançon.
ARTOIS.	Lons-le-Saunier.	Befançon.
COLONEL-GÉNÉRAL.	Grai.	Befançon.
LA REINE.	Befançon.	Befançon.
ROYAL-PICARDIE.	Dôle.	Befançon.
ORLÉANS.	Véfoul.	Befançon.

RÉGIMENS.	EMPLACEMENT.	LIEUX où les DÉTACHEMENS feront envoyés.
ROYAL-POLOGNE	Niort.	
CONDÉ.	Limoges.	
DU ROI	Bourges.	
CUIRASSIERS.	Vendôme.	
MESTRE-DE-CAMP-GÉNÉRAL.	Joigny.	La Flèche.
ROYAL-CHAMPAGNE.	Provins.	
CLERMONT-PRINCE.	Saint-Lo.	
CARABINIERS.	Angers, &c.	

DRAGONS.

RÉGIMENS.	EMPLACEMENT.	LIEUX où les DÉTACHEMENS feront envoyés.
CHAPT	Calais	
LA REINE.	Lille.	
ROYAL.	Valenciennes.	
MESTRE-DE-CAMP-GÉNÉRAL.	Maubeuge.	
COLONEL-GÉNÉRAL	Givet.	
COIGNY.	Charleville	
LANGUEDOC.	Joinville	
MONTECLER	Sedan	
DAUPHIN.	Thionville.	Cambrai.
CUSTINE.	Mirecourt	
SCHOMBERG.	Pont-à-Mousson	
LANANS.	Haguenau	
ORLÉANS.	Roanne.	
DU ROI	Alby.	
CHABOT	Saintes.	
BEAUFFREMONT	Montauban	
AUTICHAMP.	Argentan.	

A PARIS, DE L'IMPRIMERIE ROYALE. 1764.